Sekundarstufe

Friedhelm Heitmann

Grammatik Trainer

Die Wortarten

Elementares Fördertraining

Lernen mit Erfolg
KOHL VERLAG

www.kohlverlag.de

Grammatik-Trainer

Band 1: Die Wortarten

9. Auflage 2018

Inhalt: Friedhelm Heitmann
Coverbild & Illustrationen: © clipart.com
Grafik & Satz: Kohl-Verlag
Druck: farbo prepress GmbH, Köln

Bestell-Nr. 10 807

ISBN: 978-3-86632-807-5

Inhalt

Grammatik-Trainer / SEK
Band I – Die Wortarten - Bestell-Nr. 10 807
KOHL VERLAG

Vorwort

- Arbeitsblätter
- Spiele
- Test(s)

Sehr geehrte Kolleginnen und Kollegen,

zum Erlernen, Anwenden sowie Beherrschen der deutschen wie auch anderer Sprachen gehören Kenntnisse der Grammatik. Wer nicht über (genügend) Grammatikwissen verfügt, kann sich in der jeweiligen Sprache nicht korrekt ausdrücken und macht Fehler.

Aus diesem Grunde wurde unter anderem der vorliegende Band konzipiert. Er ist Bestandteil der von mir entworfenen und verfassten dreibändigen Reihe „Kohls Grammatik-Trainer". Ziele der Bände sind die Vermittlung, Festigung, Anwendung und Überprüfung elementarer, solider Grundkenntnisse der deutschen Sprachlehre. Die Materialien setzen sich zusammen aus überwiegend Arbeitsblättern sowie einzelnen Lernspielen. Zudem wird am Ende jedes Bandes ein umfangreicher Test als Lernerfolgskontrolle dargeboten.

Alle präsentierten Materialien gingen aus der Schulpraxis hervor und sind ebenfalls dafür bestimmt. Sie entstanden während meiner langjährigen Unterrichtstätigkeit als Lehrer, auch bei der Arbeit mit leistungsschwächeren Schülern. Die entstandenen Arbeitsblätter haben sich bewährt. Damit wird jedoch nicht der Anspruch erhoben, dass die gelieferten Unterlagen vollkommen sind und nicht verändert werden sollten bzw. könnten. Kritik und Verbesserungsvorschläge zu den vorliegenden Materialien sind jederzeit willkommen.

Viel Freude und Erfolg beim Einsatz der vorliegenden Kopiervorlagen wünschen Ihnen der Kohl-Verlag und

Friedhelm Heitmann

Ein Grammatik-Witz:

Die Deutschlehrerin: „Ihr wisst, dass in der deutschen Sprache gewöhnlich 10 verschiedene Wortarten unterschieden werden. Fridolin, von welcher Wortart kennst du die meisten Wörter?" Der Schüler Fridolin: „Von den Schimpfwörtern!"

Didaktisch-methodische Anmerkungen

Die gelieferten Vorlagen sind auf vielfältige Weise im Unterricht anwendbar. Die Sammlung ist als Ganzes in der Schule einsetzbar, aber auch in Auszügen. Eigene Materialien können den vorliegenden hinzugefügt werden.

In erster Linie sind die präsentierten Blätter für die Klassen 5-7 gedacht. Je nach Vorkenntnissen und Leistungsvermögen der Schüler können die vorhandenen Seiten auch in anderen Klassenstufen benutzt werden.

Ebenso für den herkömmlichen Unterricht wie auch für andere Unterrichtsformen (Wochenplanarbeit, Freiarbeit, ...) empfehlen sich die kopierbaren Vorlagen. Damit haben die Schüler auch Gelegenheit zum individuellen, eigenverantwortlichen Lernen.

Vorschlag: Zu Beginn der Unterrichtseinheit erhalten die Schüler alle in diesem Band dargebotenen Materialien (mit Ausnahme der Lösungsblätter) als Arbeitsmappe. Auf den einzelnen Arbeitsblättern bzw. vorweg werden den Schülern (kurze) Informationen gegeben und/oder Beispiele genannt. Mit diesem vermittelten Wissen sollen und können die Schüler selbstständig die angeführten Aufgaben bearbeiten sowie zwischendurch - u.a. zur Auflockerung - ein Lernspiel absolvieren. Möglich ist es, die Lösungen zu den gestellten Arbeitsaufgaben (vgl. Anhang) im Klassenraum separat (z.B. in einem Aktenordner) abzulegen. Nach der Bearbeitung der Aufgaben können die Schüler dann selbst vor Ort überprüfen, ob ihre Arbeitsergebnisse stimmen (können).

Am Ende jeder Unterrichtseinheit kann, ja sollte eine Lernerfolgskontrolle erfolgen. Dafür ist der vorliegende Test vorgesehen, bei dem jeweils maximal 100 Punkte erreichbar sind. Dieser Test kann u.a. als Klassenarbeit dienen. Jener große Test lässt sich – auch – ganz einfach zu zwei kleineren Tests (à jeweils 50 erreichbaren Punkten) umgestalten: Die ersten fünf Aufgaben können den Test Nr. 1, die fünf weiteren Aufgaben den Test Nr. 2 bilden.

Genug der Vorreden, Vorhang auf zu den Materialien!

<u>Zuvor noch ein weiterer Grammatik-Witz:</u>

Die Lehrerin zu Fridolin: „Wenn du die Grammatik-Arbeit deinem Vater zeigst, kriegt er bestimmt graue Haare.“ Fridolin: „Das ist ja toll. Dann wird sich mein Vater aber freuen, denn er hat schon seit drei Jahren eine Glatze!“

1 Informationen zu den einzelnen Wortarten

In der deutschen Sprache wird gewöhnlich zwischen zehn Wortarten unterschieden. Ab und zu werden die Wortarten in Büchern als Wortklassen bezeichnet.

1. Nomen (Substantive)

Andere Bezeichnungen dafür: *Namenwörter, Dingwörter, Hauptwörter*

Nomen (Substantive) benennen Lebewesen, Gegenstände, Zustände und Vorgänge. Es gibt konkrete (= gegenständliche) und abstrakte (= nicht gegenständliche) Nomen (Substantive). Nomen (Substantive) haben ein männliches (= maskulines), weibliches (= feminines) oder sächliches (= neutrales) Geschlecht. Die meisten Nomen (Substantive) kommen sowohl in der Einzahl (Singular) als auch in der Mehrzahl (Plural) vor. Die Nomen (Substantive) werden immer großgeschrieben.

2. Verben

Andere Bezeichnungen dafür: *Tu(n)wörter, Tätigkeitswörter*

Verben beschreiben Tätigkeiten (z.B. lesen), Vorgänge (z.B. regnen) oder Zustände (z.B. besitzen). Nach ihrer Selbstständigkeit werden drei Arten von Verben unterschieden:

- Hilfsverben: haben, sein, werden
  Sie helfen bei der Bildung von Zeiten: *Ich **habe** gelernt.*
- Modalverben: dürfen, wollen, können, müssen, sollen, mögen
  Sie umschreiben die Art und Weise des Tuns. Beispiel: *Wir **müssen** arbeiten.*
- Vollverben: Alle übrigen Verben sind Vollverben.

Beachte: Hilfsverben und Modalverben können auch als Vollverben benutzt werden. In diesen Fällen stehen sie in den Sätzen allein, nicht in Verbindung mit einem anderen Verb. Beispiel: Die Frau **ist** krank. Der Mann **mag** Musik.

3. Adjektive

Andere Bezeichnungen dafür: *Wiewörter, Artwörter, Eigenschaftswörter*

Adjektive geben an, wie etwas getan wird, wie etwas abläuft bzw. wie etwas (beschaffen) ist. Die meisten Eigenschaftswörter lassen sich steigern. Beispiel: *klein - kleiner - am kleinsten, hoch - höher - am höchsten, gut - besser - am besten*

Beispiele für nicht steigerbare Eigenschaftswörter: *leer, weiß, tot*

KOHL VERLAG Grammatik-Trainer / SEK Band I - Die Wortarten - Bestell-Nr. 10 807

1 Informationen zu den einzelnen Wortarten

4. Artikel

Andere Bezeichnung dafür: *Geschlechtswörter, Begleiter*

Artikel beziehen sich auf Nomen (Substantive) und benennen deren Geschlecht. Es gibt männliche (= maskuline), weibliche (= feminine) und sächliche (= neutrale) Artikel. Unterschieden wird außerdem zwischen bestimmten Artikeln *(der, die, das)* und unbestimmten Artikeln *(ein, eine, ein)*.

5. Pronomen

Andere Bezeichnung: *Fürwörter*

Fast alle Pronomen (Fürwörter) stehen (als Ersatz) für Nomen (Substantive), man kann sie deshalb auch als „Stellvertreter" bezeichnen. Bei den Fürwörtern unterscheidet man:

- <u>persönliche Fürwörter</u> (= Personalpronomen)
  Beispiele: *ich, du, er, sie, es, wir, ihr, sie*
- <u>besitzanzeigende Fürwörter</u> (= Possessivpronomen)
  Bespiele: *mein, meine, dein, deine, sein, seine, ihr, ihre*
- <u>hinweisende Fürwörter</u> (= Demonstrativpronomen)
  Bespiele: *dieser, diese, jener, jene, derselbe, dieselbe*
- <u>bezügliche Fürwörter</u> (= Relativpronomen)
  Beispiele: *welcher, welche, der, die, das, dessen, deren*
- <u>rückbezügliche Fürwörter</u> (= Reflexivpronomen)
  Beispiele: *mich, sich, dich, euch*
- <u>Fragefürwörter</u> (= Interrogativpronomen)
  Beispiele: *wer, was, welcher, welches, was, wessen*
- <u>unbestimmte Fürwörter</u> (= Indefinitpronomen)
  Beispiele: *man, jemand, jederman, niemand, irgendjemand*

6. Konjunktionen

Andere Bezeichnung dafür: *Bindewörter*

Konjunktionen stellen die Verbindung zwischen einzelnen Wörtern, Satzteilen (= Satzgliedern) und Sätzen her. Zwischen nebenordnenden Bindewörtern *(z.B. und, oder, jedoch)* und unterordnenden Bindewörtern *(z.B. dass, denn, obwohl)* wird unterteilt.

1 Informationen zu den einzelnen Wortarten

7. Präpositionen

Andere Bezeichnung dafür: *Verhältniswörter*

Präpositionen kennzeichnen Beziehungen bei Lebewesen, Dingen und Vorgängen. Meistens stehen die Verhältniswörter vor Hauptwörtern. Manche Verhältniswörter sind jeweils mit einem Begleiter vereint. Beispiele: am = an dem, im = in dem, ins = in das

Es gibt:

- <u>Verhältniswörter des Ortes</u> *(z.B. in, vor)*
- <u>Verhältniswörter der Zeit</u> *(z.B. um, während)*
- <u>Verhältniswörter des Grundes</u> *(z.B. wegen, aufgrund)*
- <u>Verhältniswörter der Art und Weise</u> *(z.B. mit, ohne)*

8. Adverbien

Andere Bezeichnung dafür: *Umstandswörter*

Adverbien erläutern die Gegebenheiten von Ereignissen bzw. Sachverhalten näher. Die Adverbien geben Antworten auf Fragen wie „Wo ...?“, „Wann ...?“, „Warum ...?“, „Wie ...?“ ...

Bei den Umstandswörtern wird u.a. unterschieden zwischen:

- <u>Adverbien des Ortes</u> (= Lokal-Adverbien); Beispiele: *hier, hinten*
- <u>Adverbien der Zeit</u> (= Temporal-Adverbien); Beispiele: *heute, jetzt*
- <u>Adverbien des Grundes</u> (= Kausal-Adverbien); Beispiele: *deshalb, folglich*
- <u>Adverbien der Art und Weise</u> (= Modal-Adverbien); Beispiele: *umsonst, besonders*

9. Numeralien

Andere Bezeichnung dafür: *Zahlwörter*

Numeralien sind Angaben zu Mengen. Manchmal werden die Numeralien als Zahleigenschaftswörter bezeichnet. Zu den Numeralien gehören die Grundzahlwörter *(z.B. acht)*, Ordnungszahlwörter *(z.B. zweitens)*, Bruchzahlwörter *(z.B. drittel)* ... Es gibt bestimmte Numeralien *(z.B. fünf)* und unbestimmte Numeralien *(z.B. wenige)*.

10. Ausrufewörter

Andere Bezeichnungen: *Empfindungswörter, Interjektionen*

Ausrufewörter geben laute Meinungsäußerungen oder Gefühle wieder. Sie können aus (sehr) kurzen Lauten bestehen *(Beispiele: oh, i)*.

KOHL VERLAG
Grammatik-Trainer / SEK
Band I – Die Wortarten – Bestell-Nr. 10 807

2 Nomen (Substantive), Verben und Adjektive

Nomen (Substantive) bezeichnen Lebewesen, Vorgänge, Zustände. Verben beschreiben, was getan wird oder passiert. Adjektive sind Wörter, mit denen Lebewesen, Vorgänge bzw. Zustände (näher) umschrieben werden.

1. *Trage ein, um welche Wortart es sich bei den folgenden 30 Wörtern handelt!*

Bitte, bitten, bunt, denken, dunkel, fahren, fangen, Frau, grün, Haus, helfen, Hilfe, klein, langsam, lieb, Luft, Nachmittag, Not, rechnen, retten, Rettung, schlau, schwarz, sprechen, Stunde, Tafel, träumen, warm, waschen, zuverlässig

Nomen (Substantive)	Verben	Adjektive
______ ______	______ ______	______ ______
______ ______	______ ______	______ ______
______ ______	______ ______	______ ______
______ ______	______ ______	______ ______
______ ______	______ ______	______ ______

2. **a)** *Notiere zehn andere Hauptwörter (Nomen/Substantive)!*

____

____

b) *Notiere zehn andere Zeitwörter (Verben)!*

____

____

c) *Notiere zehn andere Eigenschaftswörter (Adjektive)!*

____

____

KOHL VERLAG
Grammatik-Trainer / SEK Band I – Die Wortarten - Bestell-Nr. 10 807

2 Nomen (Substantive), Verben und Adjektive

Ein stacheliger Hungriger in Not!

In der tiefdunklen Nacht entdeckte die Polizei in einer Kleinstadt mitten auf der Straße einen Eisbecher, der wanderte. Unter dem Eisbecher befand sich ein neugieriger Igel. Dieser steckte mit seinem Kopf weit in dem leeren Eisbecher. Ein Beamter befreite das orientierungslose Tier, ermahnte es, ließ das Schleckermaul aber ohne Strafzettel gehen.

3. *Schreibe aus der kurzen Geschichte heraus ...*

a) ... alle männlichen Nomen (Substantive): ______________________

____

b) ... alle weiblichen Nomen (Substantive): ______________________

____

c) ... alle sächlichen Nomen (Substantive): ______________________

____

d) ... alle Verben: ______________________________

____

e) ... alle Adjektive: ______________________________

____

4. *Fülle die untere Tabelle unabhängig von der oberen Geschichte aus. Suche nach Wörtern aus der deutschen Sprache und notiere sie. In jeder Zeile sollen die von dir aufgeschriebenen Wörter mit demselben Anfangsbuchstaben beginnen!*

Anfangsbuchstaben	Nomen (Substantive)	Verben	Adjektive

KOHL VERLAG Grammatik-Trainer / SEK Band I – Die Wortarten – Bestell-Nr. 10 807

Spiel mal!

5. *Das folgende Spiel wird nach den bekannten Regeln des Spiels „Stadt, Land, Fluss ...“ ausgetragen!*

Anfags-buch-staben	männliche Nomen (Substantive)	weibliche Nomen (Substantive)	sächliche Nomen (Substantive)	Verben	Adjektive	Punkte
Spielername(n):					***Gesamtpunktzahl:***	

KOHL VERLAG Grammatik-Trainer / SEK Band I – Die Wortarten - Bestell-Nr. 10 807

3 Die zehn Wortarten

1. *Notiere je Wortart fünf weitere Wörter!*

a) **Nomen (Substantive);** *Beispiele: Ball, Auto, Fische, Traum, Idee, ...)*:

____

b) **Verben;** *Beispiele: spielen, reden, hoffen, haben, müssen, ...)*:

____

c) **Adjektive;** *Beispiele: klein, gelb, schön, warm, spannend, ...)*:

____

d) **Artikel (Begleiter);** *Beispiele: der, dem, des, eine, eines, ...)*:

____

e) **Pronomen (Fürwörter);** *Beispiele: er, sie, mein, unser, dieser, ...)*:

____

f) **Konjunktionen (Bindewörter);** *Beispiele: und, oder, weil, als, nachdem, ...)*:

____

g) **Präpositionen (Verhältniswörter);** *Beispiele: auf, über, zwischen, nach, zu, ...)*:

____

h) **Adverbien (Umstandswörter);** *Beispiele: sehr, gern, dort, gestern, drinnen, ...)*:

____

i) **Numeralien (Zahlwörter);** *Beispiele: drei, zehn, halbe, viele, einige, ...)*:

____

j) **Interjektionen (Ausrufewörter);** *Beispiele: ach, pfui, he, hallo, aua, ...)*:

____

KOHL VERLAG Grammatik-Trainer / SEK Band I – Die Wortarten - Bestell-Nr. 10 807

Die zehn Wortarten

2. *Nenne zu jeder Wortart möglichst zehn weitere Beispielwörter!*

a) Nomen (Substantive): ______________________________

____

b) Verben: ______________________________

____

c) Adjektive: ______________________________

____

d) Artikel (Begleiter): ______________________________

____

e) Pronomen (Fürwörter): ______________________________

____

f) Konjunktionen (Bindewörter): ______________________________

____

g) Präpositionen (Verhältniswörter): ______________________________

____

h) Adverbien (Umstandswörter): ______________________________

____

i) Numeralien (Zahlwörter): ______________________________

____

j) Interjektionen (Ausrufewörter): ______________________________

____

KOHL VERLAG
Grammatik-Trainer / SEK
Band I – Die Wortarten - Bestell-Nr. 10 807

3 Die zehn Wortarten

Welche Wortart?

3. *Nomen (Substantiv), Verb, Adjektiv, Begleiter oder Fürwort? Bestimme!*

1.	Tier		**2.**	schwarz	
3.	rufen		**4.**	der	
5.	ich		**6.**	krank	
7.	fahren		**8.**	geben	
9.	das		**10.**	Garten	
11.	hübsch		**12.**	du	
13.	die		**14.**	schenken	
15.	Tag		**16.**	es	
17.	Liebe		**18.**	alt	
19.	des		**20.**	dem	
21.	schnell		**22.**	glücklich	
23.	leben		**24.**	Glaube	
25.	den		**26.**	wir	
27.	sie		**28.**	brauchen	
29.	vertrauen		**30.**	Vertrauen	
31.	ihr		**32.**	ein	
33.	breit		**34.**	Computer	
35.	schlau		**36.**	euer	
37.	werden		**38.**	eine	
39.	ruhig		**40.**	unsere	
41.	Wasser		**42.**	dürfen	
43.	eines		**44.**	Schiff	
45.	diese		**46.**	fremd	
47.	einem		**48.**	Hoffnung	
49.	wollen		**50.**	welcher	

KOHL VERLAG
Grammatik-Trainer / SEK
Band I – Die Wortarten – Bestell-Nr. 10 807

Welche Wortart? (Teil 2)

4. *Konjunktion, Präposition, Adverb, Numerale oder Interjektion? Bestimme!*

1.	unter		**2.**	und	
3.	zwei		**4.**	heute	
5.	oder		**6.**	pfui	
7.	dass		**8.**	durch	
9.	ziemlich		**10.**	einmal	
11.	hurra		**12.**	jetzt	
13.	vor		**14.**	denn	
15.	acht		**16.**	immer	
17.	bald		**18.**	für	
19.	wenn		**20.**	dreizehn	
21.	au		**22.**	hallo	
23.	wenige		**24.**	an	
25.	damit		**26.**	he	
27.	aus		**28.**	rechts	
29.	hier		**30.**	dritte	
31.	aha		**32.**	häufig	
33.	mit		**34.**	ohne	
35.	aber		**36.**	jedoch	
37.	sowie		**38.**	früher	
39.	paar		**40.**	haha	
41.	neben		**42.**	mehrmals	
43.	igitt		**44.**	wegen	
45.	ei		**46.**	während	
47.	schon		**48.**	hauruck	
49.	manche		**50.**	vielleicht	

KOHL VERLAG Grammatik-Trainer / SEK Band I – Die Wortarten - Bestell-Nr. 10 807

10 verschiedene Wortarten in einem Satz

5. *Denke dir mindestens drei Sätze aus und schreibe sie auf, in denen möglichst viele verschiedene Wortarten vorkommen. Notiere auch, um welche Wortarten es sich jeweils handelt.*

Beispiel: *Hurra, die zwei Pullover und deine Hose passen sehr gut zueinander.*

Hurra = Interjektion (Ausrufewort); die = Artikel (Begleiter); zwei = Numerale (Zahlwort); Pullover = Nomen (Substantiv); und = Konjunktion (Bindewort); deine = Pronomen (Fürwort); Hose = Nomen (Substantiv); passen = Verb; sehr = Adverb (Umstandswort); gut = Adjektiv; zueinander = Präposition (Verhältniswort)

____

____

Die Wortarten: ___________________________________

____

____

____

____

Die Wortarten: ___________________________________

____

____

____

____

Die Wortarten: ___________________________________

____

____

KOHL VERLAG Grammatik-Trainer / SEK Band I – Die Wortarten - Bestell-Nr. 10 807

3 Die zehn Wortarten

Vom Verb zum Nomen (Substantiv)

6. *Wie heißen zu den genannten Verben die abgeleiteten Nomen (Substantiv)?*

a) antworten ⇨ die ______________________

b) ärgern ⇨ der ______________________

c) befehlen ⇨ der ______________________

d) fahren ⇨ die ______________________

e) freuen ⇨ die ______________________

f) gewinnen ⇨ der ______________________

g) glauben ⇨ der ______________________

h) hoffen ⇨ die ______________________

i) kaufen ⇨ der ______________________

j) laufen ⇨ der ______________________

k) lügen ⇨ die ______________________

l) reisen ⇨ die ______________________

m) rufen ⇨ der ______________________

n) schließen ⇨ der ______________________

o) schlafen ⇨ der ______________________

p) rechnen ⇨ die ______________________

q) sitzen ⇨ der ______________________

r) spielen ⇨ das ______________________

s) sprechen ⇨ die ______________________

t) springen ⇨ der ______________________

u) stehen ⇨ der ______________________

v) streiten ⇨ der ______________________

w) tanzen ⇨ der ______________________

x) tun ⇨ die ______________________

y) werfen ⇨ der ______________________

z) siegen ⇨ der ______________________

7. *Fülle die Lücken im Text mit den passenden Nomen/Substantiven!*

Auf dem Schulhof findet heute das Schulfest statt. Mit lautem *(brüllen)* ________________ und *(applaudieren)* ________________ werden viele *(spielen)* ______________ durchgeführt. In der einen Ecke gibt es ein Ratespiel, bei dem richtige *(antworten)* ________________ gefunden werden müssen. Gleich daneben geht es um die Geschicklichkeit. Mit einem *(springen)* ______________ müssen die Kinder über eine Bierbank hüpfen oder einen *(stehen)* ______________ auf einem Drahtseil vormachen. In einer anderen Ecke präsentiert jede Klasse einen *(tanzen)* ______________, der beste wird prämiert. Das bunte Treiben macht allen große *(freuen)* ____________!

Grammatik-Trainer / SEK Band I – Die Wortarten - Bestell-Nr. 10 807
KOHL VERLAG

3 Die zehn Wortarten

Vom Nomen (Substantiv) zum Adjektiv

8. *Wie heißen zu den genannten Nomen (Substantiven) die abgeleiteten Adjektive?*

a) die Arbeit ⇨ ____________________
b) die Breite ⇨ ____________________
c) die Dunkelheit ⇨ ____________________
d) die Farbe ⇨ ____________________
e) der Fleiß ⇨ ____________________
f) die Freiheit ⇨ ____________________
g) die Helligkeit ⇨ ____________________
h) die Höhe ⇨ ____________________
i) die Kälte ⇨ ____________________
j) die Kraft ⇨ ____________________
k) der Mann ⇨ ____________________
l) die Musik ⇨ ____________________
m) der Mut ⇨ ____________________
n) die Ruhe ⇨ ____________________
o) die Schönheit ⇨ ____________________
p) die Schwäche ⇨ ____________________
q) der Spaß ⇨ ____________________
r) der Sport ⇨ ____________________
s) die Stärke ⇨ ____________________
t) die Stille ⇨ ____________________
u) der Sturm ⇨ ____________________
v) die Tapferkeit ⇨ ____________________
w) die Tiefe ⇨ ____________________
x) die Treue ⇨ ____________________
y) die Wärme ⇨ ____________________
z) die Härte ⇨ ____________________

9. *Fülle die Lücken im Text mit den passenden Adjektiven!*

Konstantin ist ein *(die Stille)* ______________ Arbeiter bei einer Firma, die Baustoffe herstellt. Täglich muss er *(die Härte)* ______________ und *(der Fleiß)* ______________ arbeitend viele Farbeimer aufstapeln. Er muss dabei stets darauf achten, alles *(die Farbe)* ________________ sortiert in die *(das Recht)* ________________ Regale einzuräumen. Das ist nicht immer *(die Leichtigkeit)* ____________ . Das Lager befindet sich in einer Halle, in der es im Winter ziemlich *(die Kälte)* __________ und im Sommer sehr *(die Hitze)* ____________ heiß wird. Wenn es draußen *(der Sturm)* ______________ ist, zieht es durch alle Ritzen. Da wird man schnell *(die Krankheit)* _____________.

KOHL VERLAG
Grammatik-Trainer / SEK Band I – Die Wortarten - Bestell-Nr. 10 807

Vom Adjektiv zum Verb

10. *Wie heißen zu den genannten Adjektiven die Verben!*

a) beweglich ⇨ ____________________

b) bissig ⇨ ____________________

c) essbar ⇨ ____________________

d) gewöhnlich ⇨ ____________________

e) hässlich ⇨ ____________________

f) hörbar ⇨ ____________________

g) hungrig ⇨ ____________________

h) interessant ⇨ ____________________

i) kühl ⇨ ____________________

j) lebendig ⇨ ____________________

k) leserlich ⇨ ____________________

l) lieb ⇨ ____________________

m) ordentlich ⇨ ____________________

n) regnerisch ⇨ ____________________

o) schädlich ⇨ ____________________

p) schriftlich ⇨ ____________________

q) sparsam ⇨ ____________________

r) sprachlich ⇨ ____________________

s) sterblich ⇨ ____________________

t) tragbar ⇨ ____________________

u) traurig ⇨ ____________________

v) unterhaltsam ⇨ ____________________

w) verantwortlich ⇨ ____________________

x) wach ⇨ ____________________

y) wählerisch ⇨ ____________________

z) zweifelhaft ⇨ ____________________

11. *Was gehört zusammen? Verbinde!*

unterhaltsam

bewegen

bissig

hungern

beißen

interessieren

hungrig

hässlich

verantwortlich

hassen

unterhalten

interessant

leserlich

verantworten

beweglich

lesen

KOHL VERLAG
Grammatik-Trainer / SEK Band I – Die Wortarten - Bestell-Nr. 10 807

Substantivierung

Wörter anderer Wortarten lassen sich in Nomen (Substantive) verwandeln. Diese Umwandlung nennt man **Substantivierung**. Ein Wort, das substantiviert worden ist, wird immer großgeschrieben.

Substantivierte Wörter sind daran zu erkennen, dass vor ihnen ein Begleiter *(z.B. der, das, ein)*, ein Fürwort *(z.B. mein, dein, sein)* oder ein Verhältniswort *(z.B. auf, am, im)* steht/davor gesetzt werden kann.

12. a) **Substantivierte Verben**

Beispiele: *das Schreiben, ein Lachen, mein Reden, nach dem Laufen, beim Spielen, während des Schlafens, ...*

⇨ *Notiere drei (eigene) Sätze, in denen jeweils ein substantiviertes Verb vorkommt!*

___

___

___

___

___

___

b) **Substantivierte Adjektive**

Beispiele: *die Schöne, der Beste, das Wunderbare, das Gelbe vom Ei, im Dunkeln, Außergewöhnliches, ...*

⇨ *Notiere drei (eigene) Sätze, in denen jeweils ein substantiviertes Adjektiv vorkommt!*

___

___

___

___

___

___

KOHL VERLAG Grammatik-Trainer / SEK Band I – Die Wortarten - Bestell-Nr. 10 807

c) Substantivierte Pronomen (Fürwörter), Numerale (Zahlwörter), Interjektionen (Ausrufewörter), Präposition (Verhältniswort), Konjunktionen (Bindewörter) und Adverbien (Umstandswörter)

Beispiele: *das Du, eine Fünf, mit einem „Hallo“, das Auf und Ab, im Ganzen, kein Wenn und Aber, ...*

⇨ *Notiere zu jeder oben genannten Wortart jeweils zwei (eigene) Sätze, in denen die jeweilige Wortart substantiviert vorkommt!*

13. *Fülle im folgenden Zeitungsartikel die Lücken mit der richtigen Groß- und Kleinschreibung!*

Das ___uf und ___b eines ___etrügers!

Gestern Abend schnappte die Kölner ___olizei einen dreisten ___etrüger. Er hatte mindestens ___wanzig Rentner mit dem ___rick, ihr unehelicher ___nkel zu sein, um mehrere ___ausend Euro erleichtert. Mit der ___ussage, eine ___ünf in ___athe habe ihm bei seiner ___utter die ___treichung des ___aschen geldes ___ingebracht, erbettelte er sich von den ___ngeblichen ___roßvätern ein neues „Taschengeld“. Als die Polizei ihn auf frischer ___at ertappte, ab es kein ___enn und ___ber. Der ___reiste ___etrüger musste mit auf die Wache. Dort wurde der 13-Jährige von seiner ___ntsetzten ___utter abgeholt. Die staunte nicht schlecht, was ihr ___ohn für ein ___rüchtchen ist ...

KOHL VERLAG Grammatik-Trainer / SEK Band I – Die Wortarten - Bestell-Nr. 10 807

4 Präpositionen (Verhältniswörter)

Zur Erinnerung: Präpositionen (Verhältniswörter) kennzeichnen Beziehungen bei Lebewesen, Dingen und Vorgängen. Meistens stehen die Präpositionen vor Nomen (Substantiven). Manche Verhältniswörter sind jeweils mit einem Begleiter vereint. Es gibt Verhältniswörter des Ortes *(z.B. in, vor)*, Verhältniswörter der Zeit *(z.B. um, während)*, Verhältniswörter des Grundes *(z.B. wegen, aufgrund)*, Verhältniswörter der Art und Weise *(z.B. mit, ohne)*.

1. *Setze passende Wörter ein!*

a) Ich wohne .... Hamburg.

b) Ich gehe .... Kino.

c) Ich fahre .... Hause.

d) Ich gehe .... Toilette.

e) Ich klopfe .... die Tür.

f) Ich laufe .... Bahnhof.

g) Ich springe .... einen Graben.

h) Ich sitze .... Auto.

i) Ich wandere .... den Wald.

j) Ich stehe .... der Schule.

k) Ich warte .... dich.

l) Ich klettere .... einen Baum.

m) Ich steige .... Bett.

n) Ich marschiere .... einen Tunnel.

o) Ich schwimme .... Wasser.

p) Ich schreibe .... Heft.

q) Ich reite .... einem Pferd.

r) Ich fliege .... einem Flugzeug.

s) Ich freue mich .... die Ferien.

t) Ich kaufe Brötchen .... Bäcker.

u) Ich habe Angst .... Gewitter.

v) Ich zittere .... Angst.

w) Ich bekomme Geld .... dir.

x) Ich singe ein Lied .... dich.

2. *Unterstreiche alle Präpositionen in den folgenden Sätzen!*

a) Vorm Fernseher im Wohnzimmer steht eine Blumenvase mit roten Rosen.

b) Um pünktlich zu Hause zu sein, musste sich Adrian noch während des Kinofilmes von seinen Freunden verabschieden.

KOHL VERLAG
Grammatik-Trainer / SEK
Band I - Die Wortarten - Bestell-Nr. 10 807

5 Konjunktionen (Bindewörter)

Zur Erinnerung: Konjunktionen stellen die Verbindung zwischen einzelnen Wörtern, Satzteilen (= Satzgliedern) und Sätzen her. Zwischen nebenordnenden Konjunktionen *(z.B. und, oder, jedoch)* und unterordnenden Konjunktionen *(z.B. dass, denn, obwohl)* wird unterteilt.

1. *Alle folgenden Sätze sollen mit den Worten „Ich gehe zur Schule, ...“ anfangen. Beende die 10 Sätze und benutze dabei die vorgegebenen (unterordnenden) Konjunktionen (Bindewörter)!*

a) Ich gehe zur Schule, **weil** ______________________________

b) Ich gehe zur Schule, **damit** ______________________________

c) Ich gehe zur Schule, **nachdem** ______________________________

d) Ich gehe zur Schule, **bevor** ______________________________

e) Ich gehe zur Schule, **seitdem** ______________________________

f) Ich gehe zur Schule, **solange** ______________________________

g) Ich gehe zur Schule, **während** ______________________________

h) Ich gehe zur Schule, **sodass** ______________________________

i) Ich gehe zur Schule, **wenn** ______________________________

j) Ich gehe zur Schule, **obwohl** ______________________________

Ersatzwörter

2. *Ersetze die anschließend erwähnten vier Konjunktionen (Bindewörter) jeweils durch eine andere Konjunktion, die die gleiche Bedeutung hat!*

a) weil = ______________ **c)** damit = ______________

b) wenn = ______________ **d)** obwohl = ______________

KOHL VERLAG Grammatik-Trainer / SEK Band I – Die Wortarten - Bestell-Nr. 10 807

6 Zwischentest

Auf dem Markt

In einer kleinen Stadt Schleswig-Holsteins war im Sommer ein junger Mann unterwegs. Nur mit einer winzigen Unterhose bekleidet, stand der 23 Jahre alte Mann etwa eine Stunde lang fast regungslos auf dem Wochenmarkt. Ein hilfsbereiter Händler sah den Burschen mit Slip und bot ihm eine schmackhafte Banane zum Essen an. Hals über Kopf lief nun der 23-Jährige davon. Er kletterte an der Regenrinne eines nahen Hauses hoch.
Schließlich wurde bekannt: Der Mann, ein Schlafwandler, wachte durch das Obstangebot auf. Weil er keinen Türschlüssel bei sich hatte, stieg er an der Regenrinne nach oben, um in die Wohnung seiner Freundin zu kommen.

1. *Schreibe aus der kurzen Geschichte heraus ...*

a) ... alle Nomen (Substantive): ____________________

____

____

____

b) ... alle Verben: ____________________

____

____

____

c) ... alle Adjektive: ____________________

____

____

d) ... alle Artikel: ____________________

____

e) ... alle Pronomen: ____________________

____

Grammatik-Trainer / SEK Band I – Die Wortarten - Bestell-Nr. 10 807
KOHL VERLAG

f) ... alle Konjunktionen: ______________________________

____

g) ... alle Präpositionen: ______________________________

____

2. **a)** *Finde zu den folgenden Wörtern die passenden Nomen (Substantive)!*

- bekleidet ⇨ ______________
- sah ⇨ ______________
- lief ⇨ ______________

b) *Finde zu den folgenden Adjektiven die passenden Nomen (Substantive) mit dem bestimmten Artikel!*

- kleinen ⇨ ______________
- jungen ⇨ ______________
- hilfsbereiter ⇨ ______________
- alte ⇨ ______________
- winzigen ⇨ ______________
- nahen ⇨ ______________

c) *Finde zu den Adjektiven passende Verben!*

- sorgfältig ⇨ ______________
- schmackhafte ⇨ ______________

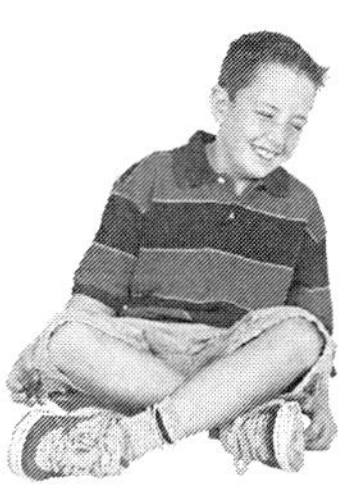

An dieser Stelle ein weiterer Grammatik-Witz:

An einer Straßenecke fragt ein Deutscher einen türkischen Mann: „Wo geht es denn nach ALDI hin?" Der Türke verbessert: „Zu ALDI!" Der Deutsche: „Was, ALDI hat schon zu?"

6 Zwischentest

Pech gehabt

Ein fünfzig Jahre alter Kölner nahm sein Gebiss aus dem Mund heraus und legte es zur Seite. Oha, plötzlich schnappte sich der Kakadu seiner Freundin die teuren dritten Zähne und flog durch das offene Fenster davon. Nach einigen Minuten kehrte der Vogel zurück, aber ohne das Gebiss. Die Polizei wurde alarmiert. Auch die eifrigen Polizisten konnten dem Kakadu das Versteck nicht entlocken. Der Vogel verweigerte die Aussage. Der Mann musste das Wochenende ohne Gebiss überstehen.

3. *Notiere, um welche Wortarten es sich bei den folgenden in der Geschichte enthaltenen Wörtern handelt!*

1.	Pech		**2.**	gehabt	
3.	Ein		**4.**	fünfzig	
5.	Jahre		**6.**	alter	
7.	nahm		**8.**	sein	
9.	Gebiss		**10.**	aus	
11.	dem		**12.**	heraus	
13.	und		**14.**	legte	
15.	es		**16.**	zur	
17.	Seite		**18.**	Oha	
19.	plötzlich		**20.**	schnappte	
21.	sich		**22.**	der	
23.	dritten		**24.**	flog	
25.	durch		**26.**	das	
27.	offene		**28.**	Fenster	
29.	davon		**30.**	Nach	
31.	einigen		**32.**	aber	
33.	ohne		**34.**	wurde	
35.	Auch		**36.**	eifrigen	
37.	konnten		**38.**	nicht	
39.	Aussage		**40.**	musste	

KOHL VERLAG
Grammatik-Trainer / SEK
Band I – Die Wortarten - Bestell-Nr. 10 807

7 Veränderbare und unveränderbare Wortarten

> In der deutschen Sprachlehre (= Grammatik) wird meistens zwischen zehn verschiedenen Wortarten unterschieden. Manchmal wird an der Stelle von Wortarten auch von Wortklassen gesprochen.

Von den insgesamt zehn Wortarten sind sechs veränderbar. Mit anderen Worten: Die sechs Wortarten können gebeugt (= „flektiert“) werden. Veränderbare Wortarten sind:

- Nomen (Substantive) *(Beispiel für eine Veränderung: Haus ⇨ Häuser)*
- Verben *(Beispiel für eine Veränderung: läuft ⇨ laufen)*
- Adjektive *(Beispiel für eine Veränderung: kalt ⇨ kälter)*
- Artikel *(Beispiel für eine Veränderung: der ⇨ des)*
- Pronomen (Fürwörter) *(Beispiel für eine Veränderung: mein ⇨ mir)*
- Numeralien (Zahlwörter) *(Beispiel für eine Veränderung: zwei ⇨ zweitens)*

1. Schreibe zu jeder der sechs genannten Wortarten jeweils zwei eigene Sätze. Zeige dabei auf, wie sich das jeweilige Beispielwort verändern lässt!

Beispiele für die Veränderung einer Wortart:
*Das Haus ist schon **alt**. Es gehört zu den **ältesten** Häusern im Ort.*

7 Veränderbare und unveränderbare Wortarten

2. Die nicht veränderbaren vier Wortarten werden zusammengefasst auch Partikel (= „Fügewörter“) genannt. Wie heißen diese vier unveränderbaren Wortarten im Einzelnen?

3. Notiere zu jeder dieser vier Wortarten einen eigenen Satz, in dem ein Beispielwort für die jeweilige Wortart vorkommt!

4. Um welche Wortart handelt es sich?

dem	
Fenster	
gehen	
fleißig	
Gelände	
Mut	
mutig	
am	

KOHL VERLAG Grammatik-Trainer / SEK Band I – Die Wortarten – Bestell-Nr. 10 807

8 „Wie heißt das Wort?“ – ein Suchspiel

1. • *Spielerzahl: ab zwei Personen/Teams*

• *Spielmaterial: - zumindest ein Schreibstift und Blanko-Papier bzw. Kreide und Wandtafel (zum Notieren der von den einzelnen Spielern/Teams erzielten Punkte)*
- eventuell je Spieler/Team: Blanko-Spielkarten (siehe Vorlagen auf Seite 30), ein Schreibstift (zum Beschriften der Spielkarten)

Und so geht's:

In jeder Spielrunde sucht sich der neutrale Spielleiter (z.B. Lehrer) bzw. ein Spieler/ Team, der/das vorübergehend aussetzt, ein beliebiges Wort aus, das von den (übrigen) Spielern/Teams herausgefunden werden muss. Handelt es sich bei dem Wort um ein Verb, müssen die Spieler/Teams den Infinitiv (= die Grundform) dieses Wortes herausfinden, im Fall einer anderen veränderbaren Wortart den Nominativ (= 1. Fall) dieses Wortes.

Zu dem zu ermittelnden Wort werden je Spielrunde maximal fünf Hinweise gegeben:

1. Hinweis: Die Wortart des jeweiligen Wortes
2. Hinweis: Die Anzahl der Buchstaben des jeweiligen Wortes
3. Hinweis: Der 1. Buchstabe des jeweiligen Wortes
4. Hinweis: Der Endbuchstabe des jeweiligen Wortes
5. Hinweis: der 2. Buchstabe des jeweiligen Wortes

Wer das herauszufindende Wort zuerst nennt, erhält einen oder mehrere Punkte:

Nennung des Wortes nach dem 1. Hinweis: → **5 Punkte**
Nennung des Wortes nach dem 2. Hinweis: → **4 Punkte**
Nennung des Wortes nach dem 3. Hinweis: → **3 Punkte**
Nennung des Wortes nach dem 4. Hinweis: → **2 Punkte**
Nennung des Wortes nach dem 5. Hinweis: → **1 Punkt**

Nach jedem Hinweis hat jeder Spieler/jedes Team nur ein Antwortrecht. Vereinbart werden kann, dass das Antwortrecht bei den Spielern/Teams reihum wechselt. Vor Spielbeginn sollte auch festgelegt werden, aus wie vielen Buchstaben (z.B. 15 Buchstaben) die Wörter höchstens bestehen dürfen.

Spielsieg: Wer nach Ablauf einer bestimmten Speilzeit (z.B. 30 Minuten) bzw. nach der Durchführung einer vereinbarten Anzahl von Spielrunden (z.B. zehn Spielrunden) die meisten Punkte besitzt, ist Spielgewinner.

Variationen: Um die Wörter herauszufinden, werden jeweils maximal drei Hinweise gegeben. Nicht nur fünf, sondern auch weitere Hinweise werden gegeben. Beispiel: Nennung der Anzahl der Silben des Wortes, Erwähnung einer Silbe wie z.B. „gen“ oder die Umschreibung des Wortes wie z.B. „Es ist ein anderes Wort für ...“
Die Schüler erstellen Spielkarten (Blanko-Karten siehe S. 30), mit denen sich später spielen lässt.

KOHL VERLAG Grammatik-Trainer / SEK Band I – Die Wortarten - Bestell-Nr. 10 807

„Wie heißt das Wort?“ – ein Suchspiel

1. Hinweis: 2. Hinweis: 3. Hinweis: 4. Hinweis: 5. Hinweis: **Lösungswort:**	1. Hinweis: 2. Hinweis: 3. Hinweis: 4. Hinweis: 5. Hinweis: **Lösungswort:**	1. Hinweis: 2. Hinweis: 3. Hinweis: 4. Hinweis: 5. Hinweis: **Lösungswort:**	1. Hinweis: 2. Hinweis: 3. Hinweis: 4. Hinweis: 5. Hinweis: **Lösungswort:**
1. Hinweis: 2. Hinweis: 3. Hinweis: 4. Hinweis: 5. Hinweis: **Lösungswort:**	1. Hinweis: 2. Hinweis: 3. Hinweis: 4. Hinweis: 5. Hinweis: **Lösungswort:**	1. Hinweis: 2. Hinweis: 3. Hinweis: 4. Hinweis: 5. Hinweis: **Lösungswort:**	1. Hinweis: 2. Hinweis: 3. Hinweis: 4. Hinweis: 5. Hinweis: **Lösungswort:**

Die Spielkarten sind auf härteren Untergrund (z.B. mittels eines Fotokopierers) zu übertragen und anschließend einzeln auszuschneiden.

9 „Wortarten“ – ein Wissensspiel

1. • *<u>Spielerzahl</u>: ab zwei Personen/Teams*

• *<u>Spielmaterial</u>: - 50 Spielkärtchen (siehe Vorlage S. 33)*
- eventuell ein Schreibstift und Blanko-Papier bzw. Kreide und Wandtafel (zum Notieren der von den einzelnen Spielern/Teams erzielten Punkte);
- eventuell zehn Wortartenkarten (siehe Vorlage S. 34)

Das Spiel lässt sich auf unterschiedliche Weisen austragen. Dabei sind die Spieler/Teams jeweils abwechselnd an der Reihe. Spielsieger wird, wer schließlich die meisten Spielkärtchen oder Punkte besitzt.

- Spielvorschlag Nr. 1:

Die ausgeschnittenen 50 Spielkärtchen werden gründlich gemischt und dann mit der Vorderseite nach unten zu z.B. drei Stapeln auf einem Tisch abgelegt. Im Spiel wird jeweils ein oben liegendes Spielkärtchen umgedreht und damit aufgedeckt. Der Spieler/das Team, der/das dran ist, muss antworten, um welche Wortart es sich bei dem auf dem Spielkärtchen genannten Wort handelt (jede richtige Antwort = **1 Punkt**).

Alternative: Zu Spielbeginn liegen alle 50 Spielkärtchen offen auf einem Tisch nebeneinander aus. Wer an der Reihe ist, darf sich ein beliebiges Spielkärtchen aussuchen und hat bezogen auf das darauf erwähnte Wort zu antworten. Spielkärtchen, die richtig beantwortet worden sind, werden aus dem Spiel genommen.

- Spielvorschlag Nr. 2:

Die Spieler sitzen um einen Tisch herum. Am Anfang des Spiels liegen alle 50 Spielkärtchen durcheinander und offen auf dem Tisch. In jeder Spielrunde wird eine der zehn Wortartenkarten (siehe Vorlagen S. 34) aufgedeckt. Bezogen auf die aufgedeckte Wortartenkarte (z.B „Substantiv/Nomen“) müssen alle Spieler gleichzeitig versuchen, die fünf im Spiel befindlichen Beispielwörter zu finden und zu ergreifen. Wer ein oder sogar mehrere zutreffende Spielkärtchen an sich genommen hat, darf dies(e) behalten. Nicht zutreffende Spielkärtchen müssen wieder zurückgelegt werden.

- Spielvorschlag Nr. 3:

Ein neutraler Spielleiter befragt jeweils einen Spieler/ein Team nach der Wortart eines der 50 Beispielwörter. Die Spieler/Teams sind so lange an der Reihe, bis sie zu einem Wort eine falsche Antwort geben. Wer erreicht schließlich die höchste Punktzahl?

9 „Wortarten“ – ein Wissensspiel

- Spielvorschlag Nr. 4:

Ratespiel: Die Spieler/Teams müssen Beispielwörter für Wortarten erraten.
Der neutrale Spielleiter gibt zu jedem Wort maximal fünf Hinweise:

Hinweis = Wortart des Beispielwortes, das erraten werden muss
Hinweis = Anzahl der Buchstaben des Beispielwortes, das erraten werden muss
Hinweis = erster Buchstabe des Beispielwortes, das erraten werden muss
Hinweis = letzter Buchstabe des Beispielwortes, das erraten werden muss
Hinweis = zweiter Buchstabe des Beispielwortes, das erraten werden muss

- Erraten des Beispielwortes nach dem 1. Hinweis → **5 Punkte**
- Erraten des Beispielwortes nach dem 2. Hinweis → **4 Punkte**
- Erraten des Beispielwortes nach dem 3. Hinweis → **3 Punkte**
- Erraten des Beispielwortes nach dem 4. Hinweis → **2 Punkte**
- Erraten des Beispielwortes nach dem 5. Hinweis → **1 Punkt**

KOHL VERLAG Grammatik-Trainer / SEK Band I - Die Wortarten - Bestell-Nr. 10 807

9 „Wortarten“ – ein Wissensspiel

Hauptwörter (= Nomen)	**Buch**	**Tisch**	**Sonne**	**Wunsch**	**Freude**
Zeitwörter (= Verben)	**gehen**	**arbeiten**	**wünschen**	**werden**	**wollen**
Eigenschafts-wörter (= Adjektive)	**rot**	**groß**	**eckig**	**gut**	**schlau**
Begleiter (= Artikel)	**der**	**die**	**das**	**ein**	**eine**
Fürwörter (= Pronomen)	**ich**	**dein**	**diese**	**welcher**	**man**
Bindewörter (= Konjunkti-onen)	**und**	**oder**	**aber**	**wenn**	**obwohl**
Verhältniswörter (= Prägositi-onen)	**in**	**bei**	**vor**	**ohne**	**durch**
Umstandswörter (= Adverbien)	**hier**	**nun**	**oft**	**niemals**	**besonders**
Zahlwörter (= Numeralien)	**zwei**	**elf**	**erster**	**drittel**	**wenige**
Ausrufewörter (= Interjekti-onen)	**hurra**	**hoppla**	**na**	**au**	**oje**

Die Spielkärtchen lassen sich auf härteren Untergrund (z.B. per Fotokopierer) übertragen und danach einzeln ausschneiden.

9 „Wortarten“ – ein Wissensspiel

Nomen /Substantiv *(Hauptwort)*	***Verb*** *(Zeitwort)*
Adjektiv *(Eigenschaftswort)*	***Artikel*** *(Begleiter)*
Pronomen *(Fürwort)*	***Konjunktion*** *(Bindewort)*
Präposition *(Verhältniswort)*	***Adverb*** *(Umstandswort)*
Numerale *(Zahlwort)*	***Interjektion*** *(Ausrufewort)*

Die Spielkärtchen lassen sich auf härteren Untergrund (z.B. per Fotokopierer) übertragen und danach einzeln ausschneiden.

KOHL VERLAG Grammatik-Trainer / SEK Band I – Die Wortarten - Bestell-Nr. 10 807

10 „Wortarten“ – ein Satzbauspiel

1. • <u>*Spielerzahl*</u>*: ab zwei Personen/Teams*

• <u>*Spielmaterial*</u>*: - Spielkarten (siehe Vorlagen S. 36);*
- Ein Schreibstift und Blanko-Papier bzw. Kreide und Tafel (zum Notieren der von den einzelnen Spielern/Teams erzielten Punkte)
- je Spieler/Team: ein Schreibstift und Blanko-Papier (zum Aufschreiben von Sätzen), eventuell Spielkarten (siehe Vorlagen auf S. 36)

- Und so geht's:

In jeder Spielrunde gibt der neutrale Spielleiter (z.B. Lehrer) für alle Spielteilnehmer per Spielkarten deutlich sichtbar einen Satzbauplan vor. Beispiel:

Konjunktion	Verb	Pronomen	Nomen (Substantiv)
Präposition	Artikel	Nomen (Substantiv)	

Anschließend muss sich jeder Spieler/jedes Team einen Satz ausdenken und notieren, der dem vorgegebenen Satzbauplan entspricht. Wer einen entsprechenden Satz korrekt aufgeschrieben hat, erhält einen Punkt.
Im Verlauf des Spiels nennt der neutrale Spielleiter weitere Satzbaupläne, zu denen die Spieler Sätze aufzuschreiben haben.

- Spielsieg:

Spielgewinner wird, wer nach Ablauf einer bestimmten Zeit (z.B. 30 Minuten) oder beispielsweise zehn Spielrunden die meisten Punkte aufweist.

Alternative: Wer zuerst eine bestimmte Punktzahl (z.B. 5 Punkte) erreicht, gewinnt das Spiel.

- Spielvariationen:

Im Spiel gibt nicht ein neutraler Spielleiter, sondern ein Spieler/Team, der/das in der jeweiligen Spielrunde aussetzt, einen Satzbauplan vor.
Nur wer in einer Spielrunde zuerst einen entsprechenden Satz richtig notiert hat, bekommt einen Punkt.
Den Spielern/Teams wird schriftlich oder mündlich ein konkreter Satz präsentiert. Danach müssen die Spieler/Teams per Spielkarten, die auf einem Tisch abzulegen sind, anzeigen, welche Wortarten in welcher Reihenfolge in diesem Satz enthalten sind.

10 „Wortarten“ – ein Satzbauspiel

Nomen/ Substantiv *(Hauptwort)*	***Verb*** *(Zeitwort)*
Adjektiv *(Eigenschaftswort)*	***Artikel*** *(Begleiter)*
Pronomen *(Fürwort)*	***Konjunktion*** *(Bindewort)*
Präposition *(Verhältniswort)*	***Adverb*** *(Umstandswort)*
Numerale *(Zahlwort)*	***Interjektion*** *(Ausrufewort)*

Die Spielkärtchen lassen sich auf härteren Untergrund (z.B. per Fotokopierer) übertragen und danach einzeln ausschneiden.

11 Wortarten: Fehlersuche

1. *In jeder Reihe werden sechs Wörter genannt. Ein Wort davon passt jeweils nicht. Streiche jedes Mal das Wort, das nicht passt, durch und nenne die Begründung dafür!*

a) **Wald, wild, Wild, Wahl, Wall, Wohl**

Begründung: ____________________ ist kein ________________________ ,

sondern ein ________________________ .

b) **laufen, schreiben, denken, wiegen, wegen, hoffen**

Begründung: ____________________ ist kein ________________________ ,

sondern eine ________________________ .

c) **tot, lebendig, morgens, fröhlich, traurig, gleichgültig**

Begründung: ____________________ ist kein ________________________ ,

sondern ein ________________________ .

d) **ein, eine, diese, die, das, der**

Begründung: ____________________ ist kein ________________________ ,

sondern ein ________________________ .

e) **denn, er, sie, mein, sich, man**

Begründung: ____________________ ist kein ________________________ ,

sondern eine ________________________ .

f) **vor, in, über, oft, unter, gegen**

Begründung: ____________________ ist kein ________________________ ,

sondern ein ________________________ .

g) **viele, vier, einige, viertel, wenig, vielleicht**

Begründung: ____________________ ist kein ________________________ ,

sondern ein ________________________ .

KOHL VERLAG Grammatik-Trainer / SEK Band I – Die Wortarten - Bestell-Nr. 10 807

11 Wortarten: Fehlersuche

h) und, rund, oder, weil, obwohl, nachdem

Begründung: ____________________ ist kein __________________________ ,

sondern ein __________________________ .

i) igitt, pfui, ach, mach, oha, hui

Begründung: ____________________ ist kein __________________________ ,

sondern ein __________________________ .

j) bald, selten, gestern, nicht, für, niemals

Begründung: ____________________ ist kein __________________________ ,

sondern eine __________________________ .

k) mein, sein, ihr, euer, unser, unter

Begründung: ____________________ ist kein __________________________ ,

sondern ein __________________________ .

l) arm, kalt, aufgeregt, flüssig, verrückt, trotzdem

Begründung: ____________________ ist kein __________________________ ,

sondern ein __________________________ .

m) zehn, erster, eins, dritter, achtzehn, Zähne

Begründung: ____________________ ist kein __________________________ ,

sondern ein __________________________ .

n) schlafen, rufen, überraschend, fließen, geben, tun

Begründung: ____________________ ist kein __________________________ ,

sondern ein __________________________ .

Zur Belohnung hier nun ein weiterer Grammatik-Witz:

Die nicht mehr ganz junge Lehrerin erklärt im Unterricht die Grammatik. Es geht um die verschiedenen Zeiten. „Ulf, was ist das für eine Zeit, wenn ich sage: ‚Ich bin schön'?" – „Vergangenheit, Frau Lehrerin."

KOHL VERLAG Grammatik-Trainer / SEK Band I - Die Wortarten - Bestell-Nr. 10 807

12 Aufgaben für Sprachkenner

... und solche, die es werden wollen!

> Einige Wörter gehören zu zwei oder sogar drei Wortarten. Ein Beispiel:
> **Ernst** kann ein Nomen/Substantiv, aber auch ein Adjektiv sein.
>
> <u>Zwei Beispiele dafür</u>:
>
> - Bald beginnt der Ernst des Lebens (Ernst ⇨ Nomen/Substantiv)
> - Der Junge nimmt die Schule nicht ernst. (ernst ⇨ Adjektiv)

1. *Fülle die Lücken richtig aus und nenne jeweils Beispielsätze!*

a) **Fliegen** kann ein ____________________ , und ein ____________________ sein.

Beispielsätze: ____

____

b) **Fest** kann ein ____________________ , und ein ____________________ sein.

Beispielsätze: ____

____

c) **Sieben** kann ein ____________________ , und ein ____________________ sein.

Beispielsätze: ____

____

d) **Siegen** kann ein ____________________ , und ein ____________________ sein.

Beispielsätze: ____

____

e) **Da** kann ein ____________________ , und ein ____________________ sein.

Beispielsätze: ____

____

Grammatik-Trainer / SEK - Bestell-Nr. 10 807
Band I - Die Wortarten
KOHL VERLAG

12 Aufgaben für Sprachkenner

... und solche, die es werden wollen!

f) **Arm** kann ein ______________, und ein ______________ sein.

Beispielsätze: ______________

____

g) **Wagen** kann ein ______________, und ein ______________ sein.

Beispielsätze: ______________

____

h) **Wegen** kann ein ______________, und ein ______________ sein.

Beispielsätze: ______________

____

i) **Stolz** kann ein ______________, und ein ______________ sein.

Beispielsätze: ______________

____

j) **Dank** kann ein ______________, und ein ______________ sein.

Beispielsätze: ______________

____

k) **Wehe** kann ein ______________, und ein ______________ sein.

Beispielsätze: ______________

____

l) **Acht** kann ein ______________, und ein ______________ sein.

Beispielsätze: ______________

____

KOHL VERLAG Grammatik-Trainer / SEK
Band I – Die Wortarten - Bestell-Nr. 10 807

12 Aufgaben für Sprachkenner

... und solche, die es werden wollen!

m) **Stumpf** kann ein ______________, und ein ______________ sein.

Beispielsätze: ______________________________

____

n) **Als** kann ein ______________, und ein ______________ sein.

Beispielsätze: ______________________________

____

o) **Kraft** kann ein ______________, und ein ______________ sein.

Beispielsätze: ______________________________

____

p) **Fass** kann ein ______________, und ein ______________ sein.

Beispielsätze: ______________________________

____

q) **Sein** kann ein ______________, und ein ______________ sein.

Beispielsätze: ______________________________

____

r) **Laut** kann ein ______________, und ein ______________ sein.

Beispielsätze: ______________________________

____

s) **Gerade** kann ein ______________, und ein ______________ sein.

Beispielsätze: ______________________________

____

Grammatik-Trainer / SEK Band I – Die Wortarten – Bestell-Nr. ´0 807
KOHL VERLAG

12 Aufgaben für Sprachkenner

... und solche, die es werden wollen!

2. *Nenne mindestens fünf weitere Wörter, die zu zwei oder noch mehreren Wortarten gehören! Zähle auch die entsprechenden Wortarten auf!*

3. *Kreuze an, ob die angegebene Wortart stimmt!* **X** **Richtig!**

a) ☐ fliegen = Verb

b) ☐ Wagen = Nomen/Substantiv

c) ☐ Kraft = Nomen/Substantiv

d) ☐ rund = Adjektiv

e) ☐ gehen = Adjektiv

f) ☐ traurig = Verb

g) ☐ tot = Verb

h) ☐ Tod = Nomen/Substantiv

i) ☐ Buch = Verb

j) ☐ schlau = Verb

KOHL VERLAG
Grammatik-Trainer / SEK Band I - Die Wortarten - Bestell-Nr. 10 807

13 Der große Wortarten-Abschlusstest

Du warst fleißig und hast alle Kopiervorlagen sorgfältig durchgearbeitet? An dieser Stelle kannst du nun mit diesem Abschlusstest prüfen, ob du auch alles verstanden hast! Wenn du eine oder mehrere Aufgaben nicht lösen kannst, musst du noch einmal nacharbeiten! Und nun viel Spaß beim großen Wortarten-Abschlusstest!

1. *Wie heißen die deutschen Bezeichnungen der zehn Wortarten?*

- ______________________
- ______________________
- ______________________
- ______________________
- ______________________
- ______________________
- ______________________
- ______________________
- ______________________
- ______________________

2. *Wie lauten die Fremdwörter der zehn deutschen Wortarten?*

⇨ ______________________

⇨ ______________________

⇨ ______________________

⇨ ______________________

⇨ ______________________

⇨ ______________________

⇨ ______________________

⇨ ______________________

⇨ ______________________

⇨ ______________________

KOHL VERLAG
Grammatik-Trainer / SEK
Band I – Die Wortarten - Bestell-Nr. ' 0 807

13 Der große Wortarten-Abschlusstest

3. *Welche Wortart, die kurz angesprochen wird, ist jeweils gemeint? Nenne die lateinische und deutsche Bezeichnung dieser Wortart!*

a) Wörter, die beschreiben, was getan wird oder passiert:

____

b) Wörter, die ein männliches, weibliches oder sächliches Geschlecht haben und immer großgeschrieben werden:

____

c) Wörter, die z.B. an der Stelle eines Namens stehen können:

____

d) Wörter, die ein männliches, weibliches bzw. sächliches Geschlecht angeben:

____

e) Wörter, die Eigenschaften von Lebewesen und Dingen näher beschreiben:

____

f) Wörter, die Mengen anführen:

____

g) Wörter, die Empfindungen ausdrücken:

____

h) Wörter, die Beziehungen kennzeichnen:

____

i) Wörter, die einzelne Wörter, Teile von Sätzen und ganze Sätze miteinander verknüpfen:

____

j) Wörter, die in Sätzen auf Fragen wie „Wo ...?“, „Wann ...?“, „Warum ....?“, „ Wie ...?“ eine Antwort geben:

____

KOHL VERLAG
Grammatik-Trainer / SEK Band I – Die Wortarten - Bestell-Nr. 10 807

13 Der große Wortarten-Abschlusstest

4. *Zu welcher Wortart gehören die folgenden Wörter? (lateinischer und deutscher Begriff!)*

a) leise = ______________________________

b) die = ______________________________

c) leben = ______________________________

d) Leben = ______________________________

e) mir = ______________________________

f) vor = ______________________________

g) aha = ______________________________

h) wenige = ______________________________

i) obwohl = ______________________________

j) bald = ______________________________

5. *Notiere zu jeder der zehn Wortarten ein eigenes Beispielwort und schreibe auf, um welche Wortart es sich jeweils handelt!*

______________________ = ______________________

______________________ = ______________________

______________________ = ______________________

______________________ = ______________________

______________________ = ______________________

______________________ = ______________________

______________________ = ______________________

______________________ = ______________________

______________________ = ______________________

______________________ = ______________________

KOHL VERLAG Grammatik-Trainer / SEK Band I – Die Wortarten - Bestell-Nr. 10 807

13 Der große Wortarten-Abschlusstest

6. *Der folgende Satz enthält alle zehn Wortarten:*

> Toll, wir gehen heute zweimal zum Schwimmen, weil das Wetter schön ist.

a) Toll = ______________________________

b) wir = ______________________________

c) gehen = ______________________________

d) heute = ______________________________

e) zweimal = ______________________________

f) zum = ______________________________

g) Schwimmen = ______________________________

h) weil = ______________________________

i) das = ______________________________

j) Wetter

k) schön = ______________________________

l) ist.

7. *Schreibe zehn von dir ausgedachte kurze Sätze auf, die jeweils mit einer anderen Wortart beginnen!*

____

____

____

____

____

____

____

____

____

____

KOHL VERLAG Grammatik-Trainer / SEK Band I – Die Wortarten - Bestell-Nr. 10 807

Der große Wortarten-Abschlusstest

8. *Wie heißen zu den nachfolgenden Wörtern abgeleitete Verben und Adjektive?*

Nomen/Substantive	Verben	Adjektive
Freude		freundlich
Trauer		traurig
Liebe		lieb
Wärme		warm
Schwäche		schwach
Sturm	stürmen	
Farbe	färben	
Wache	wachen	
Schrift	schreiben	
Sprache	sprechen	

9. *Bei den Wörtern wird u.a. zwischen veränderbaren und unveränderbaren Wortarten unterschieden. Die unveränderbaren Wörter werden als Partikel (= Fügewörter) bezeichnet. Veränderbare Wörter sind Wörter, die man beugen kann.*

a) Welche Wortarten gehören zu den veränderbaren Wortarten?

____

____

b) Welche Wortarten gehören zu den unveränderbaren Wortarten?

____

____

KOHL VERLAG Grammatik-Trainer / SEK Band I – Die Wortarten - Bestell-Nr. 10 807

13 Der große Wortarten-Abschlusstest

10. *Manche Wörter gehören zu mehreren Wortarten. Zu welchen Wortarten gehören die nachfolgend genannten Wörter? Fülle die Lücken richtig aus:*

a) **Arm** kann ein ____________________ und ein ____________________ sein.

b) **Wagen** kann ein ____________________ und ein ____________________ sein.

c) **Sieben** kann ein ____________________ und ein ____________________ sein.

d) **Da** kann ein ____________________ und ein ____________________ sein.

e) **Wegen** kann ein ____________________ und ein ____________________ sein.

14 Die Lösungen

Kapitel 2:

1. **Nomen/Substantive:** Bitte, Frau, Haus, Hilfe, Luft, Nachmittag, Not, Rettung, Stunde, Tafel
Verben: bitten, denken, fahren, fangen, helfen, rechnen, retten, sprechen, träumen, waschen
Adjektive: bunt, dunkel, grün, klein, langsam, lieb, schlau, schwarz, warm, zuverlässig

Beispiele: **Nomen/Substantive:** Tisch, Straße, Garten, Pferd, Stadt, Kind, Wald, Wind, Sonne, Schlaf
Verben: sitzen, gehen, schwimmen, lernen, sehen, fragen, tragen, feiern, aufräumen, ausruhen
Adjektive: weiß, kalt, nett, langweilig, interessant, lustig, neu, groß, einsam, friedlich

3. **a)** Eisbecher, Hungriger (= substantiviertes Adjektiv), Igel, Kopf, Beamter, Strafzettel
b) Straße, Not, Nacht, Polizei, Kleinstadt **c)** Tier, Schleckermaul
d) marschierte, entdeckte, wanderte, befand, steckte, befreite, ermahnte, ließ, gehen
e) stacheliger, tiefdunklen, neugieriger, weit, leeren, orientierungslos

4. ***Beispiele:*** **A** = Arm - aufwachen - alt; **B** = Bruder - beginnen - böse; **C** = Clown - chatten - charmant; **D** = Doktor - drehen - dünn; **E** = Engel - entscheiden - ehrlich; **F** = Freund - fallen - feucht; **G** = Gruppe - gewinnen - gemütlich

5. ***Beispiele:*** **A** = Abend, Angst, Abenteuer, antworten, albern; **B** = Ball, Bank, Bett, begegnen, berühmt; **C** = Computer, Chance, Chaos, campen, christlich; **D** = Daumen, Decke, Datum, denken, dick; **E** = Erfolg, Erde, Ende, erzählen, einsam; **F** = Fuß, Flasche, Feuer, frieren, fleißig; **G** = Geist, Gefahr, Geschäft, gehen, glatt; **H** = Himmel, Hand, Herz, halten, hungrig; **I** = Igel, Insel, Interview, interessieren, intelligent; **J** = Job, Jacke, Jahr, jagen, jung; **K** = Kamm, Kugel, Kreuz, kriechen, krank; **L** = Lehrer, Leiter, Lied, lesen, leer; **M** = Mann, Milch, Messer, merken, mild; **N** = Name, Nacht, Nest, nehmen, nass; **O** = Ofen, Orange, Ohr, operieren, offen

Kapitel 2:

1. ***Beispiele:*** **Nomen/Substantive:** Garten, Tasche, Papier, Rede, Schule; **Verben:** ziehen, hören, finden, suchen, sparen; **Adjektive:** lang, gesund, laut, sauber, hoch; **Artikel:** die, das, den, ein, einer; **Pronomen:** ich, du, es, euer, ihrer; **Konjunktionen:** sowie, auch, außerdem, denn, dass; **Präpositionen:** neben, vor, wegen, durch, trotz; **Adverbien:** vorwärts, oben, damals, schon, nun; **Numerale:** fünf, erstens, viertel, wenige, manche; **Interjektionen:** oha, nanu, oje, hallo, hm

2. Individuelle Lösungen!

3. **Nomen/Substantive:** 1., 10., 15., 17., 24., 30., 34., 41., 44., 48.
Verben: 3., 7., 8., 14., 23., 28., 29., 37., 42., 49.
Adjektive: 2., 6., 11., 18., 21., 22., 33., 35., 39., 46.
Artikel: 4., 9., 13., 19., 20., 25., 32., 38., 43., 47.
Pronomen: 5., 12., 16., 26., 27., 31., 36., 40., 45., 50.

4. **Konjunktionen:** 2., 5., 7., 14., 19., 25., 35., 36., 37., 46.
Präpositionen: 1., 8., 13., 18., 24., 27., 33., 34., 41., 44.
Adverbien: 4., 9., 12., 16., 17., 28., 29., 38., 42., 47., 50.
Numerale: 3., 10., 15., 20., 23., 30., 32., 39., 49.
Interjektion: 6., 11., 21., 22., 26., 31., 40., 43., 45., 48.

5. ***Beispiele:*** **Ach, wenn das Wetter an deinem vierzehnten Geburtstag im April schon schön wäre.**
(Ach = Interjektion; wenn = Konjunktion; das = Artikel; Wetter = Nomen/Substantiv; an = Präposition; deinem = Pronomen; vierzehnten = Numerale; Geburtstag = Nomen/Substantiv; im = Präposition; April = Nomen/Substantiv; schon = Adverb; schön = Adjektiv; wäre = Verb)

In der ersten Hälfte der Ferien besuchten wir Verwandte sowie schließlich ältere Bekannte, oje!
(In = Präposition; der = Artikel; ersten = Numerale; Hälfte = Nomen/Substantiv; der = Artikel; Ferien = Nomen /Substantiv; besuchten = Verb; wir = Pronomen; Verwandte = Nomen/Substantiv; sowie = Konjunktion; schließlich = Adverb; ältere = Adjektiv; Bekannte = Nomen/Substantiv; oje = Interjektion)

Die Reise führt zunächst nach Österreich, außerdem geht es für drei Wochen – juchhe – an das warme Mittelmeer. *(Die = Artikel; Reise = Nomen/Substantiv; führt = Verb; zunächst = Adverb; nach = Präposition; Österreich = Nomen/Substantiv; außerdem = Konjunktion; geht = Verb; es = Pronomen; für = Präposition; drei = Numerale; Wochen = Nomen/Substantiv; juchhe = Interjektion; an = Präposition; das = Artikel; warme = Adjektiv; Mittelmeer = Nomen/Substantiv)*

6. **a)** die Antwort; **b)** der Ärger; **c)** der Befehl; **d)** die Fahrt; **e)** die Freude; **f)** der Gewinn; **g)** der Glaube(n); **h)** die Hoffnung; **i)** der Kauf; **j)** der Lauf; **k)** die Lüge; **l)** die Reise; **m)** der Ruf; **n)** der Schluss; **o)** der Schlaf; **p)** die Rechnung; **q)** der Sitz; **r)** das Spiel; **s)** die Sprache; **t)** der Sprung; **u)** der Stand; **v)** der Streit; **w)** der Tanz; **x)** die Tat; **y)** der Wurf; **z)** der Sieg

7. **In folgender Reihenfolge:** Gebrüll, Applaus, Spiele, Antworten, Sprung, Stand, Tanz, Freude

8. **a)** arbeitsam; **b)** breit; **c)** dunkel; **d)** farbig; **e)** fleißig; **f)** frei; **g)** hell; **h)** hoch; **i)** kalt; **j)** kräftig; **k)** männlich; **l)** musikalisch; **m)** mutig; **n)** ruhig; **o)** schön; **p)** schwach; **q)** spaßig; **r)** sportlich; **s)** stark; **t)** still; **u)** stürmisch; **v)** tapfer; **w)** tief; **x)** treu; **y)** warm; **z)** hart

9. **In folgender Reihenfolge:** stiller, hart, fleißig, farbigen, richtigen, leicht, kalt, heiß, stürmisch, krank

14 Die Lösungen

Kapitel 3:

10. **a)** bewegen; **b)** beißen; **c)** essen; **d)** (sich) gewöhnen; **e)** hassen; **f)** hören; **g)** hungern; **h)** interessieren; **i)** kühlen; **j)** leben; **k)** lesen; **l)** lieben; **m)** ordnen; **n)** regnen; **o)** schaden; **p)** schreiben; **q)** sparen; **r)** sprechen; **s)** sterben; **t)** tragen; **u)** trauern; **v)** unterhalten; **w)** verantworten; **x)** wachen; **y)** wählen; **z)** zweiffeln

11. **Zusammengehörende Paare:** bewegen - beweglich; verantworten - verantwortlich; unterhalten - unterhaltsam; hassen - hässlich; hungern - hungrig; lesen - leserlich; interessieren - interessant; beißen - bissig

12. a) ***<u>Beispiele</u>:*** Das **Üben** bringt Erfolg. **Schwimmen** hält gesund. Beim **Wandern** verletzte sich die Frau am Fuß. Es ist fast zum **Verzweifeln**. Durch **Jobben** verdient sich der Junge Geld.

b) ***<u>Beispiele</u>:*** Im Gebüsch war etwas **Rotes** zu sehen. Die Polizei tappte noch im **Dunkeln**. Dies war das **Gute** an der Sache. Der Mann berichtete **Erfreuliches**. Im Fernsehen war nur **Langweiliges** zu sehen.

c) ***<u>Beispiele</u>:*** **Mein** und **Dein** muss man unterscheiden können. Für den Aufsatz erhielt die Schülerin eine **Zwei. Vieles** sprach eindeutig dafür. Der Ball war im **Aus**. Das Mädchen bedankte sich im **Voraus**.

13. Das Auf und Ab eines Betrügers! Gestern abend schnappte die Kölner Polizei einen dreisten Betrüger. Er hatte mindestens zwanzig Rentner mit dem Trick, ihr unehelicher Enkel zu sein, um mehrere tausend Euro erleichtert. Mit der Aussage, eine Fünf in Mathe habe ihm bei seiner Mutter die Streichung des Taschengeldes mingebracht, erbettelte er sich von den angeblichen Großvätern ein neues „Taschengeld". Als die Polizei ihn auf frischer Tat ertappte, ab es kein Wenn und Aber. Der dreiste Betrüger musste mit auf die Wache. Dort wurde der 13-Jährige von seiner entsetzten Mutter abgeholt. Die staunte nicht schlecht, was ihr Sohn für ein Früchtchen ist ...

Kapitel 4:

1. **a)** in; **b)** ins; **c)** nach; **d)** zur; **e)** an; **f)** zum; **g)** über; **h)** im; **i)** durch; **j)** vor; **k)** auf; **l)** auf; **m)** ins; **n)** durch; **o)** durchs/im; **p)** ins; **q)** auf; **r)** mit; **s)** auf; **t)** beim; **u)** vorm; **v)** vor; **w)** von; **x)** für

2. **a)** Vorm, im; **b)** Um, während

Kapitel 5:

1. **a)** ... meine Eltern mich dazu aufgefordert haben. **b)** ... ich etwas lerne. **c)** ... ich gefrühstückt habe. **d)** ... ich am Nachmittag einen Freund besuche. **e)** ... ich sechs Jahre alt bin. **f)** ... bis ich meine Schulpflicht erfüllt habe. **g)** ... meine Eltern schon bei der Arbeit sind. **h)** ... ich für das spätere Leben lerne. **i)** ... die Ferien vorbei sind. **j)** ... ich erkältet bin.

2. **a)** denn; **b)** um; **c)** falls; **d)** obgleich

Kapitel 6:

1. **Nomen/Substantive:** Markt, Stadt, Schleswig-Holstein, Sommer, Mann, Unterhose, Stunde, Wochenmarkt, Händler, Burschen, Slip, Banane, Essen, Hals, Kopf, 23-jährige, Regenrinne, Hauses, Schlafwandler, Obstangebot, Türschlüssel, Wohnung, Freundin
Verben: war, bekleidet, stand, sah, bot, lief, kletterte, wurde bekannt, wachte, hatte, stieg, kommen
Adjektive: kleinen, junger, winzigen, bekleidet, alte, lang, regungslos, hilfsbereiter, schmackhafte, nahen, noch, bekannt
Artikel: dem, einer, ein, der, eine, den, eines, das, die
Pronomen: ihm, dieser, es, sich, er, seiner
Konjunktionen: und, weil, um zu
Präpositionen: auf, in, im, mit, zum, über, an, durch, bei, nach

2. **a)** bekleidet - die Kleidung; sah - die Sicht; lief - der Lauf
b) kleinen - der Kleine; jungen - der Junge; winzigen - die Winzigkeit; alte - der Alte; hilfsbereiter - der Hilfsbereite; nahen - die Nähe
c) sorgfältig - sorgen; schmackhafte - schmecken

3. **Nomen/Substantive:** 1., 5., 9., 17., 28., 39.; **Verben:** 2., 7., 14., 20., 24., 34., 37 (Hilfsverb), 40. (Modalverb), **Artikel:** 3., 11., 22., 26.; **Numerale:** 4., 23., 31.; **Adjektive:** 6., 19., 27., 38., **Pronomen:** 8., 15., 21 (rückbezüglich); **Präpositionen:** 10., 16., 25., 30., 33.; **Adverbien:** 12., 29., 38.; **Konjunktionen:** 13., 32., 35.; **Interjektionen:** 18.

Kapitel 7:

1. ***<u>Beispiele</u>:*** Die **Jungen** spielen Fußball. Ein **Junge** steht im Tor.
Das Mädchen **geht** ins Kino. Das Mädchen **ging** ins Kino.
Der Schrank ist **schön**. Im Wohnzimmer steht ein **schöner** Schrank.
Der **Ball** ist hart. Die Farbe des **Balles** ist gelb.
Das Mädchen besucht **ihren** Freund. **Ihrem** Freund geht es nicht gut.
Er war der **fünfte** Läufer im Ziel. Sie gehörte zu der **fünften** Gruppe.

2. Konjunktionen (Bindewörter); Präpositionen (Verhältniswörter); Adverbien (Umstandswörter); Interjektionen (Ausrufewörter)

3. ***<u>Beispiele</u>:*** Ich übe, **weil** (Konjunktion) wir morgen eine Arbeit schreiben.
Ein großer Baum steht **vor** (= Präposition) dem Haus.
Bald (= Adverb) gibt es Zeugnisse.
Helau (= Interjektion), wir feiern Fasching.

4. dem = Artikel; Fenster = Nomen/Substantiv; gehen = Verb; fleißig = Adjektiv; Gelände = Nomen/Substantiv; Mut = Nomen/Substantiv; mutig = Adjektiv; am = Präposition

14 Die Lösungen

Kapitel 8: **1.** ***Beispiel:*** **Lösungswort:** Gespenst; **1. Hinweis:** Hauptwort; **2. Hinweis:** Wort besteht aus acht Buchstaben; **3. Hinweis:** 1. Buchstabe des Wortes ist „G“; **4. Hinweis:** Endbuchstabe des Wortes ist „t“; **5. Hinweis:** 2. Buchstabe des Wortes ist „e“

Kapitel 9: **1.** **a) Wild** ist kein Nomen/Substantiv, sondern ein Adjektiv. **b) Wegen** ist kein Verb, sondern eine Präposition. **c) Morgens** ist kein Adjektiv, sondern ein Adverb. **d) Diese** ist kein Artikel, sondern ein Pronomen. **e) Denn** ist kein Pronomen, sondern eine Konjunktion. **f) Oft** ist keine Präposition, sondern ein Adverb. **g) Vielleicht** ist kein Numerale, sondern ein Adverb. **h) Rund** ist keine Konjunktion, sondern ein Adjektiv. **i) Mach** ist keine Interjektion, sondern ein Verb. **j) Für** ist kein Adverb, sondern eine Präposition. **k) Unter** ist kein Personalpronomen, sondern eine Präposition. **l) Trotzdem** ist kein Adjektiv, sondern eine Konjunktion. **m) Zähne** ist kein Numerale, sondern ein Nomen/Substantiv. **n) Überraschend** ist kein Verb, sondern ein Adverb.

Kapitel 12: **1.** **a) Fliegen:** Nomen/Substantiv und Verb: Die Fliegen sind lästig, Fliegen können die meisten Vögel, aber nicht alle. **b) Fest:** Nomen/Substantiv und Adjektiv: Die Schule feiert ein Fest. Fest glaubt der Mann daran, sein Zeil zu erreichen. **c) Sieben:** Verb und Numerale: Die Arbeiter sieben Sand. Die Woche hat sieben Tage. **d) Siegen:** Nomen/Substantiv und Verb: Siegen ist eine Stadt in Nordrhein-Westfalen. Siegen muss die Mannschaft, um den Abstieg zu verhindern. **e) Da:** Konjunktion und Adverb: Da ich krank bin, komm ich nicht zu Besuch. Da passierte der Unfall. **f) Arm:** Nomen/Substantiv und Adjektiv: Der Mann hat sich am Arm verletzt. Arm sind sehr viele Menschen in Afrika. **g) Wagen:** Nomen/Substantiv und Verb: Ein Esel zog den klapprigen Wagen. Wagen solltest du es, du hast nichts zu verlieren. **h) Wegen:** Nomen/Substantiv und Präposition: Auf den Wegen hatten sich viele Pfützen gebildet. Wegen starken Regens ist der Fußballplatz unbespielbar. **i) Stolz:** Nomen/Substantiv und Adjektiv: Der Mann hatte seinen besonderen Stolz. Stolz wie ein Pfau ging die Frau. **j) Dank:** Nomen/Substantiv und Präposition: Du hast großen Dank verdient. Dank eurer HIlfe sind wir schnell fertig geworden. **k) Wehe:** Nomen/Substantiv und Interjektion: Die schwangere Frau bekam immer wieder eine Wehe. Wehe, du passt nicht auf! **l) Acht:** Nomen/Substantiv und Verb: Die Schüler mussten mit dem Fahrrad u.a. eine Acht fahren. Acht Schüler standen in einem Kreis und unterhielten sich. **m) Stumpf:** Nomen/Substantiv und Adjektiv: Der Stumpf des Baumes wurde im Boden gelassen. Stumpf ist das alte Beil. **n) Als:** Konjunktion und Adverb: Als wir losgingen, schien noch die Sonne. Als Bäcker muss mann früh aufstehen. **o) Kraft:** Nomen/Substantiv und Präposition: Hoffentlich reicht die Kraft aus! Kraft seines Amtes ließ er die Wohnung räumen. **p) Fass:** Nomen/Substantiv und Verb: Im Fass sind noch ca. 20 Liter Bier. Fass(e) ordentlich den Griff an. **q) Sein:** Verb und Pronomen: Sein oder nicht sein, das ist hier die Frage. Sein Hemd war schmutzig. **r) Laut:** Nomen/Substantiv und Adjektiv und Präposition: Das Tier gab keinen Laut von sich. Laut sind die Kinder. Laut ihm musst du dich daran halten **s) Gerade:** Nomen/Substantiv, Adjektiv und Adverb: Eine rechte Gerade traf den Boxer schwer. Gerade sollte die Linie sein. Gerade du musst gut zuhören.

2. ***Beispiele:*** Raten (Hautpwort, Zeitwort), Barsch (Hauptwort, Eigenschaftswort), Wohl (Hautpwort, Eigenschaftswort, Umstandswort), bis (Verhältniswort, Bindewort)

3. **Richtig:** a), b), c), d), h)

Kapitel 13: **1.** Hauptwörter; Zeitwörter; Eigenschaftswörter; Begleiter; Fürwörter; Bindewörter; Verhältniswörter; Umstandswörter; Zahlwörter; Ausrufewörter

2. Nomen/Substantive; Verben; Adjektive; Artikel; Pronomen; Konjunktionen; Präpositionen; Adverbien; Numeralien; Interjektionen

3. **a)** Verben (Zeitwörter); **b)** Nomen/Substantive (Hauptwörter); **c)** Pronomen (Fürwörter); **d)** Artikel (Begleiter); **e)** Adjektive (Eigenschaftswörter); **f)** Numerale (Zahlwörter); **g)** Interjektionen (Ausrufewörter); **h)** Präpositionen (Verhältniswörter); **i)** Konjunktionen (Bindewörter); **j)** Adverbien (Umstandswörter)

4. **a)** Adjektiv (Eigenschaftswort); **b)** Artikel (Begleiter); **c)** Verb (Zeitwort); **d)** Nomen/Substantiv (Hauptwort); **e)** Pronomen (Fürwort); **f)** Präposition (Verhältniswort); **g)** Interjektion (Ausrufewort); **h)** Numerale (Zahlwort); **i)** Konjunktion (Bindewort); **j)** Adverb (Umstandswort)

5. ***Beispiele:*** Nomen/Substantiv = Sonne; Verb = scheinen; Adjektiv = hell; Artikel = der; Pronomen = sie; Konjunktion = oder; Präposition = vor; Adverb = etwa; Numerale = neun; Interjektion = helau

6. **a)** Interjektion; **b)** Pronomen; **c)** Verb; **d)** Adverb; **e)** Numerale; **f)** Präposition; **g)** Nomen/Substantiv; **h)** Konjunktion; **i)** Artikel; **j)** Nomen/Substantiv; **k)** Adjektiv; **l)** Verb

7. ***Beispiele:*** Scherben (= Nomen/Substantiv) bringen Glück. Mache (= Verb) die Hausaufgaben. Langsam (= Adjektiv) kommt die Dämmerung. Der (= Artikel) Lehrer erklärt die Wortarten. Ich (= Pronomen) gucke Fernsehen. Weil (= Konjunktion) die Lehrerin krank ist, fällt der Unterricht aus. Auf (= Präposition) Regen folgt Sonnenschein. Bald (= Adverb) haben wir Ferien. Drei (= Numerale) große Weltmeere gibt es. Aua (= Interjektion), das tut weh!

8. Freude, freuen, freudig; Trauer, trauern, traurig; Liebe. lieben, lieb; Wärme, wärmen, warm; Schwäche, schwächen, schwach; Sturm, stürmen, stürmisch; Farbe, färben, farbig; Wache, wachen, wachsam; Schrift, schreiben, schriftlich; Sprache, sprechen, sprachlich

9. **a)** Nomen/Substantiv, Verb, Adjektiv, Artikel, Pronomen, Numerale
b) Konjunktionen, Präpositionen, Adverbien, Interjektionen

14 Die Lösungen

Kapitel 13: **10.** a) **Arm** kann ein Nomen/Substantiv und ein Adjektiv sein.
b) **Wagen** kann ein Nomen/Substantiv und ein Verb sein.
c) **Sieben** kann ein Verb und ein Numerale sein.
d) **Da** kann eine Konjunktion und ein Adverb sein.
e) **Wegen** kann ein Nomen/Substantiv und eine Präposition sein.